BEI GRIN MACHT SICH IHR WISSEN BEZAHLT

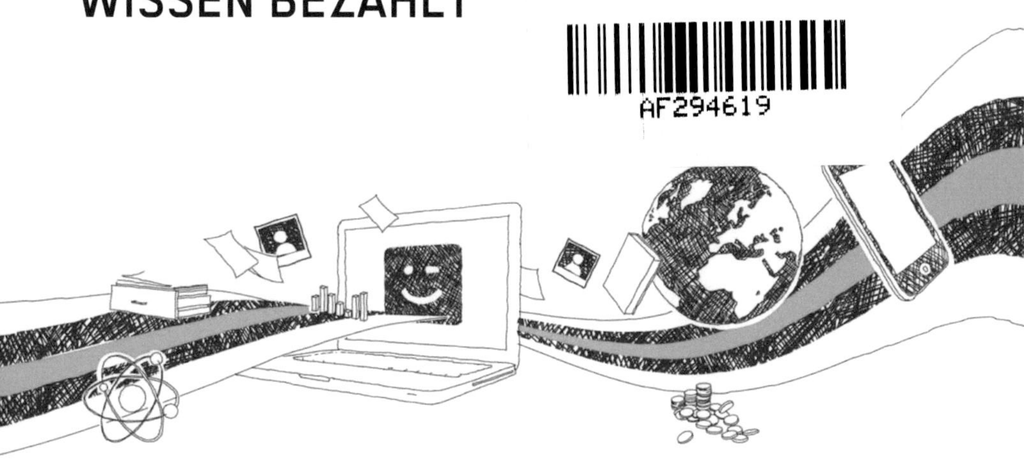

- Wir veröffentlichen Ihre Hausarbeit, Bachelor- und Masterarbeit

- Ihr eigenes eBook und Buch - weltweit in allen wichtigen Shops

- Verdienen Sie an jedem Verkauf

Jetzt bei www.GRIN.com hochladen und kostenlos publizieren

Julia Uhlitzsch

Unterrichtsentwurf: 'Selbstportrait im Kunstunterricht'

GRIN Verlag

Bibliografische Information der Deutschen Nationalbibliothek:

Die Deutsche Bibliothek verzeichnet diese Publikation in der Deutschen National-
bibliografie; detaillierte bibliografische Daten sind im Internet über http://dnb.d-
nb.de/ abrufbar.

Impressum:

Copyright © 2012 GRIN Verlag GmbH
Druck und Bindung: Books on Demand GmbH, Norderstedt Germany
ISBN: 978-3-656-35416-1

Universität Hildesheim

<u>SPS-Bericht</u>

1. Einleitung

Die Schulpraktischen Übungen für den Lernbereich Kunst und Gestaltung fanden in der Einrichtung „Spielkiste" in der Maßmannstraße in Rostock statt. Diese Einrichtung ist eine Kindertagesstätte, die am Nachmittag die Schulkinder aus der angrenzenden Grundschule wie in einem Hort betreut. In Form einer Kunst-AG unterrichteten wir drei Studentinnen alle interessierten Kinder am Mittwoch von 13:45-14:30 Uhr. In der Regel nahmen etwa 4-7 Kinder (vorwiegend Mädchen) an dieser AG teil. Sie besuchten die Klassenstufen 1-4. Die meisten Kinder kamen regelmäßig, konnten sich an uns erinnern und äußerten ihre Vorfreude auf den nächsten Mittwoch. Mit Hilfe eines Terminplakates war für die Kinder immer ersichtlich, was sie in der nächsten Stunde erwarten wird. Kleine Rätsel zur nächsten Unterrichtseinheit weckten das Interesse und die Motivation der Kinder für diese AG. Leider war es mir nur möglich eine einzige Stunde alleine zu halten, da spontane Ausflüge und Projekttage der Kindertagesstätte die Terminplanung teilweise umwarfen. Dennoch habe ich vor allem in methodischer Hinsicht viel gelernt und erkannt, auf wie viele Kleinigkeiten im Kunstunterricht geachtet werden muss.

<u>Unterrichtseinheit: Wer bin ich?</u>

2.<u>Künstlerisches Problem:</u>

In dieser Stunde werden die Schüler keine gewöhnlichen Selbstportraits anfertigen. Sie werden somit vor mehreren Anforderungen gleichzeitig stehen. Zum einen verlangt das Thema von ihnen, das sie sich vom Darstellungswert der Farben lösen und sich dem Ausdruckswert der Farbe zuwenden. Zum anderen spielt der Ausdruck der eigenen Gefühle und die Beziehung zum eigenen „Ich" eine große Rolle. Die Kinder sollen sich nicht so getreu wie möglich malen, sondern so wie sie sich fühlen. Das vor allem durch die Farbe auszudrücken, sollte für die Kinder eher unbekannt und gewöhnungsbedürftig sein.

3. <u>Unterrichtsziele:</u>

<u>Grobziele:</u>
- die Schüler sollen sich bildhaft ausdrücken können
- die Schüler bedienen sich künstlerischer Techniken und Verfahren des Malens
- die Schüler sollen grundlegende Erfahrungen zur Farbe und ihrem Wert/ ihrer Bedeutung machen

<u>Feinziele:</u>
- die Schüler sollen in sich hinein horchen und ihre Gefühle künstlerisch umsetzen/ darstellen
- die Schüler sollen den Ausdruckswert der Farbe verwenden, um sich malerisch darzustellen
- die Schüler sollen begründen können, warum welche Farben in ihren Bildern verwendet wurden
- die Schüler sollen anhand der Bilder erkennen, wie andere sich gerade fühlen

4. Sachanalyse:

In dieser Stunde soll das Ausdrücken von Gefühlen mit Hilfe der Farbe im Mittelpunkt stehen. Der Rahmenplan für Kunst an der Grundschule enthält im Grundlegenden Erfahrungsbereich der 1/2 und der 3/4 Klasse folgende Ziele hinsichtlich des Themas der heutigen Stunde:

1/2 Klasse:
- sich auf Erfahrungen einlassen
- mit allen Sinnen wahrnehmen
- Eindrücken und Gefühlen Ausdruck verleihen
- Gestaltungsideen finden

3/4 Klasse:
- sich bewusst auf Erfahrungen einlassen
- mit allen Sinnen und differenziert wahrnehmen
- Eindrücken und Gefühlen Ausdruck verleihen
- Durch eigene Gestaltungsversuche intensivere Beziehungen aufbauen
- Eigene Gestaltungsideen entwickeln

Inhaltlich beschäftigen sich die Kinder in dieser Stunde mit ihrem eigenen Ich und dem Ausdruck ihrer Gefühle mittels der Farbe.

Im Themenfeld Material werden die Eigenschaften von Farben und ihre Sinnbezüge angesprochen.

Farben können sowohl einen Darstellungswert als auch einen Ausdruckswert oder einen Eigenwert besitzen. Die Farbe hat einen Eigenwert, wenn sie ohne Rücksicht auf das Dargestellte verwendet wird und das Dargestellte dominiert.

Das Gegenteil von diesem Eigenwert ist der Darstellungswert, bei dem die Farbe vollständig dem Dargestellten untergeordnet ist. Diese Unterscheidung zwischen diesen Werten der Farbe geht auf den Kunsthistoriker Hans Jantzen (1913) zurück.

Im Mittelpunkt soll für die Schüler jedoch der Ausdruckswert der Farbe stehen. Die Ausdrucksfarbe ist keine reale Farbe, sondern eine Farbgebung, die eine bestimmte beabsichtigte Aussage verdeutlichen soll. Besonders Maler des Expressionismus arbeiteten mit Ausdrucksfarben und versahen Dinge mit einem Gefühlsausdruck. Folgendes Zitat stammt von Vincent van Gogh:

„Die wahren Maler sind die, welche die Dinge nicht so malen wie sie sind, sondern so, wie sie sie fühlen."

Das sollen die Kinder in Verbindung mit ihrem eigenen Ich und ihrem persönlichen momentanen Empfinden versuchen. Sie sollen sich selbst wahrnehmen und ihren Gefühlen Ausdruck verleihen. Die Farbe dient bei der Erstellung ihres Selbstportraits als Ausdrucksmittel. Die Bedeutung messen die Kinder der Farbe selbst bei und versuchen diese im Anschluss zu erklären.

5. Didaktische Analyse:

Dieser didaktischen Analyse liegt das Konzept der didaktischen Analyse nach W. Klafki zugrunde. Der Unterrichtsinhalt ist demnach bildungstheoretisch gerechtfertigt, wenn er die 5 Dimensionen der Analyse erfüllt.

1. exemplarische Bedeutung
2. Gegenwartsbedeutung
3. Zukunftsbedeutung
4. Struktur des Inhalts
5. Zugänglichkeit

Die 1. Dimension bezieht sich auf die exemplarische Bedeutung des behandelten Unterrichtsstoffes in der 1./ 2. Klasse und untersucht somit den Sach- bzw. Sinnzusammenhang, den der Inhalt vertreten oder erschließen soll. In dieser Stunde sollen die Kinder versuchen in sich hineinzuhorchen und ihre Gefühle zu deuten. Der Unterrichtsgegenstand ist eine besondere Art der Selbstportraiterstellung. Die grundlegende Erfahrung in Bezug auf ihr eigenes „ICH" soll für die Kinder hierbei von Bedeutung sein. Durch das Selbstportrait können die Kinder ihre Gefühle mit Hilfe von Farben ausdrücken. Die Auseinandersetzung mit Gefühlen und Emotionen wird den Kindern durch die Wiedergabe mit Farben leichter gemacht. Die Kinder sollen in der Stunde die Einsicht bekommen, dass sie und ihre Gefühle es wert sind, sich auszudrücken. Zudem sollen sie die Fähigkeit erwerben, sich mithilfe der Bedeutung von Farben zu äußern. Es ist also notwendig zuvor mit den Schülern die Wirkung der Farben zu diskutieren.

Betrachtet man die 2. Dimension, stellt sich die Frage, welche Bedeutung der Inhalt in der Gegenwart der Kinder schon hat, bzw. welche er im pädagogischen Sinne haben soll. Schließlich kann ein Kind den Unterrichtsgegenstand nur zu seiner Bildung nutzen, wenn es „jetzt gerade" einen Bezug dazu hat. Kinder der 1. und 2. Klasse erzählen oft viel von sich selbst, malen Bilder von sich, Freunden und der Familie. Das ist ihre Art die Kunst unbeschwert zu nutzen, um Gefühle, Beziehungen usw. darzustellen. Diesen Wunsch sich zu äußern, möchte ich in der Stunde nutzen und mit der Wirkung und Bedeutung von Farben verbinden. Der Vergleich untereinander ist vielen Kindern in diesem Alter ebenfalls wichtig, sodass sie bei der Auswertung der Bilder ihre eigene Ausdrucksweise mit der der anderen vergleichen können. Zudem wird ihnen bewusst, wie es anderen um ihnen herum geht.

Die Zukunftsbedeutung untersucht nun die Behandlung des Unterrichtsstoffes auf seinen didaktischen Gehalt für die Zukunft des Kindes. Wird diese Dimension vom Unterrichtsgegenstand erfüllt, ist die Vorbereitung auf eine noch unbekannte Zukunft des Kindes gewährleistet. Die grundlegende Erfahrung mit dem eigenen „ICH" ist für die Zukunft der Schüler von großer Bedeutung. Sowohl heute als auch später müssen sie sich selbst verwirklichen können und zwar auf der Basis ihrer eigenen Gefühle und Interessen. Zu wissen, wie sich andere Menschen fühlen, ist dabei nicht weniger von Belang. Die unterschiedliche Wirkung der Farben und ihr Nutzen zum Ausdruck in der Kunst wird für die Kinder im weiteren Verlauf ihres Kunstunterrichts ebenfalls von Wichtigkeit sein. Der Ausdruckswert der Farbe wird ihnen in den Werken einiger Künstler später noch wiederbegegnen.

Nach den 3 pädagogischen Dimensionen schließt sich in der didaktischen Analyse nach Klafki die Dimension der Analyse der Struktur des Inhalts an, also die klassische Sachanalyse. Die zuvor angesprochenen pädagogischen Aspekte sollten die Sachfragen anleiten. (siehe Sachanalyse)

Die Dimension der Zugänglichkeit befasst sich zuletzt mit der methodischen Vermittlung. Es ist die Aufgabe des Lehrers den Unterrichtsinhalt anschaulich zu gestalten, also für die Kinder interessant, fassbar und verständlich zu machen. So kann den Kindern im Unterricht die Inhaltserarbeitung durch besonders fantasievoll geschaffene Ereignisse und Situationen erleichtert werden. Ich werde in meiner

Stunde von einem gelenkten Schüler- Lehrer- Gespräch ausgehen, bei dem die grundlegenden Wirkungen der Farbe erarbeitet werden. Hierbei dürfen sich die Schüler jedoch frei äußern und ihre Meinung darlegen. Daraufhin sollen sich die Schüler in Eigenarbeit in Ruhe mit sich befassen und ein Selbstportrait erstellen, dass die vorausgegangene Erarbeitung berücksichtigen soll. Diese Erarbeitung mache ich zuvor noch mit einem eigenen Selbstportrait anschaulich. Die Motivation der Kinder sollte nun groß genug sein. Die Auswertung der Bilder bietet den Kindern die Chance, sich selbst zu erklären, ihre Farbwahl zu begründen und andere Kinder zu verstehen. Die Lehrerin hat zudem hier die Möglichkeit zu verfolgen, ob die Kinder wirklich den Ausdruckswert der Farbe verwendet haben oder lediglich ihre Lieblingsfarbe benutzten.

6. Geplanter Stundenverlauf:

Zeit:	Didaktische Funktion/ Phase:	Lehrertätigkeit:	Schülertätigkeit:	Medien Bemerkungen:
13:45 Uhr	Begrüßung	-L. begrüßt die Kinder und fragt nach dem Thema mit Hinweis auf das Termin-Plakat	-S. begrüßen L. und nennen das Thema	(Plakat)
13:47 Uhr	Orientierungsphase	-L. zeigt den S. verschiedene farbige A4 Blätter Welche Farbe ist das? Findet ihr sie schön? Woran denkt ihr, wenn ihr die Farbe seht? Welche Farbe passt am Besten zu euch und warum?	- S. beobachten und äußern ihre Meinungen und Gefühle zu den Farben - S. überlegen, welche Farbe am Besten zu ihnen passt oder typisch für sie ist	A4-Blätter mit unterschiedlichen Farben
13:54 Uhr	Experimentierphase	-L. zeigt S. ein Beispielbild, auf dem sie selbst mit persönlich gewählten Farben dargestellt ist und begründet die	-S. beobachten aufmerksam und beantworten die Fragen und versuchen Gefühle in Farben auszudrücken	Beispielbild Hinweis: Gestaltung nicht unbedingt mit der Lieblingsfarbe, sondern mit der

		Farbgebung Frage: Wie hätte ich mich malen müssen, wenn es mir schlecht ginge, ich traurig wäre oder ganz fröhlich?		Farbe, die am Besten die Persönlichkeit und Gefühle wiedergibt
13:57 Uhr	Produktionsphase	-L. fordert die Kinder auf sich zu fragen, wie sie sich heute fühlen und sich daraufhin selbst zu malen	-S. denken über sich selbst und ihre Persönlichkeit nach und versuchen sich in Farben auszudrücken	- Farben, Pinsel, Wasser, Frischhaltefolie als Mischpalette Hinweis: Ähnlichkeit zu Kindern steht nicht im Vordergrund!
14:20	Reflexionsphase:	-L. verteilt die Werke auf dem Tisch und fordert jedes Kind auf, sich zu irgendeinem Bild zu äußern und die Begründung für die Farbgebung zu suchen - L. zieht Fazit aus den Bildern und fordert S. auf gemeinsam aufzuräumen	-S. äußern sich frei zu selbst gewählten Werken - daraufhin äußert sich das Kind, dessen Bild angesprochen wurde	Bilder aller Schüler

7. Reflexion der Stunde:

Die Stunde war zeitlich gut geplant und füllte die 45 Minuten genau aus. Die Kinder arbeiteten alle sehr konzentriert und interessierten sich sehr für das Thema. Zu Beginn der Stunde äußerten sie sich eifrig zu den verschiedenen Farben. Es wurden viele typische Dinge für die Farben genannt: blau- Wasser/ Himmel; grün: Wiese/ Bäume usw.

Meine Befürchtung, dass die Kinder für ihre eigene Darstellung nur ihre Lieblingsfarben verwenden würden oder sich zu sehr an meinem Beispiel orientieren würden, war fast unbegründet. Nur ein Kind konnte im Nachhinein seine Farbwahl nicht begründen. Sätze wie: „Ich habe dunkelblau gewählt, weil ich immer gelassen bin!" zeigten mir aber, dass sich meine gestellten Lernziele weitgehend erfüllt haben. Die Gesichter waren blau, grün, rot usw., was dafür spricht, dass die Kinder vom Ausdruckswert der Farbe ausgegangen sind und nicht vom Darstellungswert. Ein Mädchen wählte grün und schwarz. Auf meine Frage warum sie das tat, antwortete sie mir: „Heute war ich in der Schule zwei mal sehr sauer, einmal wegen der Lehrerin und einmal wegen mir selbst." Die Kinder hatten viel Spaß in dieser Stunde und nahmen die Aufgabe sehr ernst und persönlich, was mir sehr gefiel.

8. Literatur

www.farbenlehre.de
www.drweb.de
www.kunsttherapie.de